NEGOCIAÇÃO
na prática

Série Soft Skills Tools

LOUIS BURLAMAQUI

NEGOCIAÇÃO
na prática

Um guia de bolso para maior efetividade nas negociações

MEROPE
editora

Copyright © Louis Burlamaqui, 2022
Copyright © Editora Merope, 2022

CAPA	Natalia Bae
PROJETO GRÁFICO E DIAGRAMAÇÃO	Natalia Bae
COPIDESQUE	Débora Dutra Vieira
REVISÃO	Tânia Rejane A. Gonçalves
COORDENAÇÃO EDITORIAL	Opus Editorial
DIREÇÃO EDITORIAL	Editora Merope

Todos os direitos reservados.
Proibida a reprodução, no todo ou em parte, através de quaisquer meios.

Dados Internacionais de Catalogação na Publicação (CIP)
(Câmara Brasileira do Livro, SP, Brasil)

Burlamaqui, Louis
　Negociação na prática : um guia de bolso para maior efetividade nas negociações / Louis Burlamaqui. -- Belo Horizonte, MG : Editora Merope, 2022. -- (Soft skills tools)

　ISBN 978-65-990267-6-8

　1. Administração 2. Carreira profissional - Desenvolvimento 3. Competências 4. Desenvolvimento pessoal 5. Habilidades criativas em negócio 6. Relações interpessoais 7. Negociação I. Título. II. Série.

22-124281　　　　　　　　　　　　　　　　CDD-658.81

Índices para catálogo sistemático:
1. Negociação : Habilidades : Desenvolvimento : Administração 658.81
Eliete Marques da Silva - Bibliotecária - CRB-8/9380

MEROPE EDITORA
Rua dos Guajajaras, 880, sala 808.
30180-106 – Belo Horizonte – MG – Brasil
Fone/Fax: [55 31] 3222-8165
www.editoramerope.com.br

Sumário

Introdução 9

Parte 1 Fundamentos da negociação 11

- ▶ Onde está a negociação? 12
- ▶ O que é negociar? 15
- ▶ Tipos de negociação e o *mindset* 18
- ▶ O processo de negociação.. 24
- ▶ Os maiores erros dos negociadores 28
- ▶ As competências dos grandes negociadores 34

Parte 2 Estilos e estratégia 39

- ▶ Os tipos de negociadores 40
- ▶ Os quatro tipos de comportamento 44
- ▶ Os três fatores que mudam o jogo 47
- ▶ A alma do negócio 52
- ▶ A alma do acordo 54

Parte 3 Competências interpessoais 57

- A força das relações humanas 58
- Saber escutar 60
- A arte de fazer perguntas 64
- Como criticar sem magoar 67
- Como fazer alguém ouvir você 69
- Aprendendo a dizer "não" 71

Parte 4 Táticas de negociação 75

- O que são táticas? 76
- Balão de ensaio 78
- Bode 81
- Fato consumado 85
- Efeito Pigmalião 87
- Salame 89
- Peça ajuda 91
- Você consegue fazer melhor que isso! 93
- Sair fora 95
- Mocinho e bandido 97
- Absurdo 100
- Pressão 102
- Rachando a diferença 105

Por fim, melhore todos os dias 107

Introdução

Seja bem-vindo(a) ao mundo da aprendizagem! Sua decisão de ler este livro já demonstra que você busca se aprimorar nas negociações, não é mesmo?

Desde o ano 2000, estou envolvido com programas de desenvolvimento de negociadores. Apaixonei-me por aprimorar minhas habilidades em negociação. Já orientei, diretamente, mais de seis mil pessoas de diversos ambientes de negócio.

Neste livro, quero lhe mostrar um caminho bem estruturado e testado para que suas negociações fluam com mais assertividade. A atitude de estar sempre disposto a aprender expande horizontes e abre a mente para o mundo das possibilidades de negócios e dos negócios.

Nenhuma organização pode ser bem-sucedida sem bons negociadores. Mesmo nas interações humanas, a habilidade de lidar com interesses e situações de conflito influencia carreiras, resultados e a motivação das pessoas.

Este livro foi desenhado para lhe trazer várias possibilidades de crescimento e evolução em suas habilidades negociais.

Em primeiro lugar, você terá a oportunidade de alinhar conceitos e conhecimentos que são chaves para o uso de determinadas aptidões. Vou lhe ajudar a avaliar suas habilidades e a conduzir uma negociação.

Negociadores profissionais sabem da importância de estar muito bem preparados. Aqui, você conhecerá métodos que vão ampliar sua percepção reacional e decisória em situações de negociação.

Mantenha a mente aberta. Não importa quanto você sabe, e sim quanto quer aprender. Para isso, convido-o a simplesmente entrar no mundo das negociações!

Louis Burlamaqui

PARTE I
Fundamentos da negociação

Onde está a negociação?

Em que você pensa quando escuta a palavra "negociação"?

Geralmente, as pessoas a associam a negócios. É claro que o mundo dos negócios é o mundo da negociação; no entanto, nem sempre as pessoas percebem que negociam o tempo todo em variadas esferas e nas mais diversas situações.

Muitas coisas na vida são passíveis de negociação; trata-se de um processo corriqueiro que se dá em diferentes circunstâncias.

Pedir à esposa que resolva um problema, tentar ajudar um amigo endividado, reservar a melhor mesa no restaurante, escolher um passeio de férias com a família e inúmeras outras situações cotidianas mostram que negociamos o tempo todo fora do universo corporativo.

No mundo dos negócios, a necessidade de negociar é evidente, mas muitas pessoas negociam sem perceber se o que estão fazendo é positivo ou não para suas reais intenções.

Como a necessidade de negociar é frequente, as pessoas tendem a resolver as questões a seu modo, o que, muitas vezes, não é a atitude mais producente. Quando deparamos repetidamente com conflitos, desgastes e maus resultados, por exemplo, é sinal de que "o jeito" de fazer negociações não é o mais apropriado. E é nesse momento que negociadores hábeis fazem diferença.

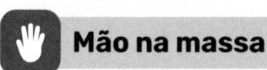

Gostaria que você revisitasse seu dia de hoje ou algum dia comum próximo ao de hoje.

Anote as ocasiões em que você teve que negociar algo com alguém. Liste-as!

_____

_____

_____

_____

_____

_____

_____

_____

É provável que você tenha identificado algumas situações. Será que já parou para pensar que estava negociando?

E, se a partir de agora, você começar a perceber que negocia o tempo todo? Será que pode fazer as coisas de um jeito melhor?

O que é negociar?

Por que vamos definir o que é negociar?

Simplesmente porque muitas pessoas têm concepções equivocadas sobre negociação. O resultado que você obtém é fruto de sua forma de entender o que é negociação.

Então, vamos para a pergunta mais importante: o que é negociar para você?

Não espere que eu lhe responda agora, esforce-se um pouco. Que palavra lhe vem à mente quando pensa em negociação. Uma palavra só. Pense e escreva.

_____

Nós negociamos porque temos algo a oferecer e/ou queremos receber, e o mesmo se dá em relação à outra parte.

Muitas vezes, as duas partes têm motivos, interesses, valores e padrões de comportamento completamente distintos que dificultam a capacidade de chegarem a um acordo. Equacionar aspectos racionais e emocionais em uma negociação é o fator crítico de sucesso para um acordo.

Captou?

Qual é, então, a palavra mágica da negociação?

ACORDO

Negociação é a arte de obter acordos. Acordo, pacto ou qualquer outra palavra similar é aceitável para traduzir o sentido de uma negociação.

Veja como isso pode não ser muito claro para algumas pessoas: elas entram em uma negociação para brigar, rivalizar, atacar etc. Esse tipo de comportamento as leva a criar problemas, não fechar negócios, deixar a outra parte na defensiva ou na ofensiva, transformando as relações em um campo de batalha.

É verdade que, às vezes, isso acontece em negociações por força de estratégias e contextos, mas tal situação é bem diferente daquela em que uma pessoa se predispõe a agir dessa maneira.

Então, concluímos que negociação é a capacidade de obter acordos.

Agora, você deve estar pensando: mas obter acordos não necessariamente garante bons resultados. Bingo! Isso mesmo! Não garante, pois acordo é acordo e pode ser bom ou ruim.

Certamente você já fez bons e maus acordos, não é mesmo? Por isso, as habilidades de negociação são tão importantes.

Tipos de negociação e o *mindset*

Você já sabe que negociar tem a ver com acordos. Agora, vamos às duas razões que temos para negociar:
1. Resolver um assunto ou conflito, ou fazer as coisas andarem para a frente;
2. Criar uma transação ou acordo com mútuo benefício que envolva uma solução, uma parceria, uma relação de compra ou venda.

Quando falamos de acordo, existem três resultados básicos em negociações. Vamos a eles:

ganha-ganha

ganha-perde

perde-perde

O primeiro resultado é o **ganha-ganha**, em que ambas as partes conseguem alcançar seus objetivos por meio de acordos.

Imagine que você tenha emprestado dinheiro para um amigo, que ele está lhe pagando com juros maiores do que o banco cobraria e que, ainda assim, ele devolverá um valor menor do que pagaria à instituição financeira. Esse é um acordo em que ambos estão ganhando.

O segundo resultado é o **ganha-perde**, em que você ou o outro sai perdendo no acordo.

Vamos supor que uma empresa precise quitar dívidas e venda sua produção pelo preço de custo. O cliente se beneficiou, mas o dinheiro barato a curto prazo não resolveu o problema financeiro, e o custo de aquisição da matéria-prima para uma nova produção é mais caro do que o valor recebido. No fim, a empresa chega à conclusão de que a venda naquelas condições não foi um bom negócio para ela, somente para o outro.

E o terceiro resultado é o **perde-perde**, em que ambos saem perdendo.

Por exemplo, duas partes fazem um contrato de fornecimento de insumos. Certo tempo depois, uma delas percebe que os juros ficaram altos demais e decide cessar esse provimento. A outra parte, então, decide processá-la. Ambas vão perder, pois uma pagará multas e a outra perderá o fornecimento, o que poderá afetar seu processo produtivo por um tempo. Veja que é totalmente possível fazer acordos em que ambas as partes saem perdendo.

O que leva as pessoas a esses resultados na maioria das vezes? O modelo mental ou *mindset*!

> **_Mindset_ é a maneira como uma pessoa enxerga a vida, as relações de troca e sua base de valores para obter seus ganhos.**

Existem dois tipos de *mindset*: o divisionista e o integrativo.

No pensamento **divisionista**, a pessoa luta para obter o máximo do outro, independentemente dos interesses. Ela compete pela "divisão" de uma soma fixa de valor envolvido na negociação. Um lado quer ganhar à custa do outro. Segundo essa ideia, um enxerga o outro como adversário a ser vencido; vê o outro como um inimigo a ser abatido. Não se surpreenda com isso, pois muita gente tem pensamento divisionista! É uma realidade. Muitos ambientes de negócios são assim, e isso pode valer para ambos os lados. Em regra, setores nervosos como o automotivo e seus fornecedores têm ambientes bem divisionistas, em que cada parte foca em obter o máximo benefício para si.

O pensamento **integrativo** é aquele em que as partes têm um espírito de colaboração, levam em conta os mútuos interesses, desejos e dificuldades, procurando encontrar uma solução total ou parcialmente satisfatória para todos. Um lado quer construir valor com o outro. De acordo com esse pensamento, um enxerga o outro como possível parceiro. Você deve pensar que não existe muita gente assim. É verdade, o mundo ainda é muito divisionista, mas, creia, várias organizações estão migrando para um ecossistema que se preocupa com todos e voltado à construção de um ambiente de negócios lucrativo e sustentável, e isso não significa que sejam ingênuas.

Tipos de negociação e o *mindset*

Integrar envolve obter resultados, o que diz respeito ao lado quantitativo. Mas os negociadores integrativos se preocupam em alcançar uma experiência positiva nas relações, o que representa o lado qualitativo.

A negociação integrativa contempla resultados e relacionamentos.

Quando buscamos chegar a um acordo, necessitamos criar um ambiente de cooperação em que todos possam resolver os impasses e problemas que surgem ao longo do percurso.

Segundo William Ury, professor de negociação internacionalmente reconhecido, existem cinco barreiras à cooperação que devem ser identificadas para ser superadas.

Sua própria reação – Pessoas foram programadas para reagir; quando recebem um não, sentem-se ofendidas e dispostas a contra-atacar.

As *emoções dos outros* – Muitas pessoas têm emoções negativas como raiva, medo e orgulho. No geral, são pessoas de pensamento divisionista que podem enxergar o mundo como lugar de vencedores e perdedores.

A *posição dos outros* – Algumas pessoas têm o hábito de fincar pé em uma posição e esperar que você ceda. Na maior parte das vezes, essas pessoas não conhecem outra forma de obter o que querem.

A *insatisfação dos outros* – Mesmo tendo seus interesses atendidos, há pessoas que podem ficar insatisfeitas e dificultar, assim, um desfecho de acordo positivo para ambas as partes.

O *poder dos outros* – Muitas vezes, o outro tem poder e decide exercê-lo para garantir uma vantagem ou para simplesmente demonstrar sua força. Em regra, essas pessoas querem ter a sensação de que estão no comando.

O processo de negociação

Toda negociação envolve etapas, que podem ser breves, concluídas em uma transação de minutos, ou podem levar meses, como certas negociações de contratos.

Um processo é formado por etapas! Se você tiver a capacidade de enxergar essas etapas, será mais fácil se posicionar em diferentes situações, por mais delicadas que sejam.

Vamos lá, então! O processo que vamos analisar se chama **4 Ps**.

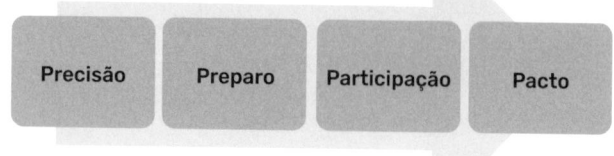

O primeiro P se refere à **precisão**.

Precisão em quê? No *foco*. Muitas pessoas não sabem exatamente o que querem quando entram em uma negociação. A falta de clareza do que se quer deixa a pessoa susceptível a confusões em relação às propostas do outro. Por isso, é importante que você estabeleça o foco de suas intenções. Defina metas, interesses, concessões, os pontos nos quais deve ter estrita atenção e todos os detalhes que influenciam a negociação. Isso é fundamental também quando se trata de contratos. Deixar claros os itens que se deseja obter é crítico para atingir o sucesso. Então, o primeiro P é precisão no foco.

O segundo P é **preparo**.

Preparo das informações. É incrível constatar que muitas pessoas não se preparam para uma negociação e preferem apostar na intuição. Na área de suprimentos, por exemplo, se você quiser melhorar a renegociação de um contrato de fornecimento, é fundamental levantar informações sobre como evoluiu o mercado do fornecedor, as margens de lucro, o histórico de reajustes, a cultura de negociação dele, os índices e outras tantas informações. Preparar-se envolve estudar e pesquisar os vários aspectos de uma transação, explorar todos os interesses envolvidos, saber o máximo que puder sobre a outra parte e suas intenções.

Observe que os dois primeiros Ps têm a ver com sua atitude antes de lidar com a outra parte. Os dois outros Ps, como veremos, ocorrem durante a negociação.

O terceiro P é **participação**.

Essa etapa abrange a capacidade de participar, de forma habilidosa, das relações de negócio. É a hora da inteligência emocional e relacional. Criar uma atmosfera apropriada para construir confiança, trocando informações por meio de perguntas estratégicas sem jamais desconsiderar o ponto de vista do outro, é qualidade essencial para um negociador. Naturalmente, o *mindset* integrativo contribui muito para isso.

O quarto e último P refere-se a **pacto**.

Pacto tem a ver com a capacidade efetiva de se chegar a um acordo. Pode ocorrer de uma pessoa ter uma participação muito positiva em uma transação e não conseguir atingir essa meta. Chegar a um acordo ou pacto implica saber fazer as concessões certas, escolher táticas que facilitem o movimento positivo e que ajudem a encontrar soluções, ganhos e *saving*, mesmo em momentos difíceis.

Esses são, portanto, os 4 Ps do processo de negociação que ajudam a construir um nível de assertividade mais elevado na condução de cada situação.

> **LEMBRE-SE:**
> - Ter precisão no foco.
> - Preparar as informações.
> - Participar de forma positiva.
> - Pactuar para gerar ganhos.

É claro que há uma variável de tempo para um negociador cumprir os 4 Ps.

Em um contrato de compra de um navio cargueiro, por exemplo, a realização dos 4 Ps pode levar meses. Por outro lado, é possível negociar a compra de um carro usado em minutos.

Mas, em ambas as situações, os 4 Ps são plenamente aplicáveis. Enquanto, no caso do navio, os detalhes técnicos sobre durabilidade, seguros, rotas, manutenção, custos operacionais etc. podem levar um bom tempo para ser apurados, o levantamento de informações para a compra de um carro – procedência, quilometragem, manutenção, preço de mercado – demanda poucas horas de pesquisa. Informações são necessárias e cada etapa é aplicada à realidade de cada contexto. O importante é você captar o que determinada situação requer dos 4 Ps.

Os maiores erros dos negociadores

Querendo ou não, de modo consciente ou inconsciente, todos nós negociamos. Acertamos e erramos, por vezes, sem perceber.

A grande sacada da negociação é você identificar seus erros e poder minimizá-los, ou até evitá-los.

Observe esta lista dos dez erros mais comuns, ou mais graves, cometidos pelas pessoas em situações de negociação.

Erro número 1
▶ **Não definir claramente o que se deseja obter nem identificar o que o outro quer**

Você já associou esse erro ao primeiro P, não é? Precisão no foco. Mas aqui não é somente definir com clareza o que você quer, mas reconhecer o que o outro deseja. Por que isso é importante? Quando você identifica o que cada parte está buscando, passa a ser mais integrativo; se isso não acontece, as negociações tendem a ser mais demoradas e desgastantes.

Erro número 2
> **Negociar desconfiando das pessoas, vendo-as como adversárias**

Você já deve ter visto isso antes. Pensamento divisionista? Sim! Há pessoas que tiveram uma história de vida difícil, em que muita coisa ruim aconteceu, gente que foi passada para trás e que agora vê todo mundo com desconfiança, como inimigo. Qual o problema disso? Quando se enxerga o outro como adversário, ele capta essa energia no ar e vai se colocar na defensiva ou vai partir para o ataque. Às vezes, a vida é um bumerangue: aquilo que arremessamos, volta para nós. Então, quando alguém entra para negociar com essa energia, acaba colocando o outro também nessa *vibe* e tudo fica ruim!

Erro número 3
> **Falta de planejamento e preparação – excesso de improvisação**

Algumas pessoas detestam planejar, principalmente em negociação. Afinal, é muito emocionante entrar em tratativas aventurando-se num mar de possibilidades, dificuldades e adrenalina. Qual o custo disso? Perda de tempo, perda de informações e de articulação para bons acordos.

Erro número 4
▶ **Não ter a mente aberta, buscando alternativas inteligentes**

Muitas pessoas entram em uma negociação focadas no resultado e ficam cegas para as dificuldades que eventualmente aparecem em razão das necessidades e dos interesses da outra parte. Muitos ainda acreditam que ser arrogante e inflexível como negociador é sinal de força nessa relação, quando isso é um equívoco. Na maioria das vezes, o acordo sairá de uma solução encontrada em conjunto, quando ambos se dispuserem a abrir a mente para achar um caminho criativo.

Erro número 5
▶ **Ser muito rígido e não abrir mão de suas posições reiteradamente**

Outro grave erro é acreditar que tudo deve sair do seu jeito, que você não pode ceder em nada sob pena de não vencer. Há grandes jogadores de xadrez que se permitem perder peças durante a partida para poderem avançar em outras frentes. Em uma negociação, acontece a mesma coisa. Ter jogo de cintura e saber ceder é uma arte em negociação. Para exercê-la, a pessoa tem que pensar à frente.

Erro número 6
▶ **Concentrar-se demais na personalidade do outro e não nos fatos e objetivos**

Há pessoas que têm uma personalidade muito difícil. Elas podem ser ríspidas, arrogantes, autossuficientes, grosseiras e intimidadoras, dentre outras coisas. O erro é se concentrar nas características alheias que o incomodam. Quando se faz isso, perde-se o foco. Às vezes, hábeis negociadores simulam atitudes agressivas exatamente para fragilizar a outra parte. Por isso, é necessário foco racional nos fatos e nos objetivos.

Erro número 7
▶ **Transformar cada assunto em discussão, conflito, colocando o outro sempre na defensiva**

Se tem gente que arruma confusão com o vento, imagine em uma negociação! São pessoas que adoram polemizar. Esse comportamento é nocivo se não for uma tática previamente estudada para determinada transação. Se você coloca o outro na defensiva, acabou a confiança e aumentam os obstáculos para o fechamento de acordos.

Erro número 8
▶ **Ser emotivo e ansioso para chegar a um acordo**

Quando a pessoa tem foco e não sabe esperar a hora certa de avançar com propostas e sugestões, ela denuncia ansiedade para alcançar sua meta. Se essa pessoa for lidar com um negociador mais atento e inescrupuloso, este pode usar esses sentimentos contra ela. Um dado interessante de se notar é que encontramos mais pessoas ansiosas em países latinos do que em países orientais e europeus.

Erro número 9
▶ **Perder o foco do assunto e se deixar levar por distrações**

É muito comum encontrar hábeis negociadores que se desviam dos temas centrais para falar de generalidades quando as coisas não estão evoluindo como eles gostariam. Por isso, é preciso atenção para não se distrair com outros assuntos e conversas paralelas, alheias ao negócio.

Erro número 10
▶ **Não respeitar diferenças, ser insensível à diversidade**

Em um mundo diverso, você vai negociar com homens, mulheres, transgêneros, pessoas jovens e idosas, gente com formação, estilo e costumes diferentes. Conhecer o outro, sua cultura e maneira de ser, é importantíssimo para haver respeito e sintonia entre as partes e, assim, gerar um bom acordo.

Agora que você viu os dez maiores erros de um negociador, avalie:

Quais são os três erros que você mais comete?

1. _____
2. _____
3. _____

Dentre esses três erros, a qual você pretende se dedicar com mais empenho para não voltar a cometê-lo?

_____

_____

Esse é o compromisso firmado com você mesmo!
Se trabalhar nisso, já dará um passo importante no aprimoramento de suas negociações!

As competências dos grandes negociadores

Se observarmos com mais cuidado os grandes negociadores, descobriremos algumas características comuns entre eles. Entender essas afinidades pode ajudar a desenvolver competências que vão deixá-lo mais bem preparado para conduzir uma transação.

Vamos conhecer as oito competências mais comuns dos grandes negociadores.

Primeira competência
▶ **Credibilidade**

De que modo gostaria que alguém se referisse a você como negociador? Por exemplo: "nossa, essa pessoa é dificílima; cuidado, viu? Só pensa nela, complicadíssima!". Ou: "o que posso dizer é que se trata de uma excelente pessoa, é boa de negócios!".

Tenho certeza de que você preferiria ser visto como alguém com quem as pessoas gostariam de negociar. Certamente, isso é credibilidade. Sempre que um negócio é concluído, as pessoas saem com uma impressão de você. Então, construir uma boa reputação como negociador inspira confiança imediata nos demais. Você ganha as pessoas antes mesmo de se sentar à mesa de negociação.

Segunda competência
▶ **Verdade**

Você já encontrou uma pessoa que tenha se mostrado verdadeira em uma negociação? Pois é! Essa é uma força dos grandes negociadores. São verdadeiros em suas palavras e bem-intencionados nas negociações. Não significa que sejam ingênuos, mas que, em razão da própria sinceridade, facilitam as tratativas e chegam mais rapidamente a acordos.

Terceira competência
▶ **Empatia**

No geral, quando as pessoas estão focadas apenas em seus interesses, não conseguem se colocar no lugar do outro. Grandes negociadores não têm essa dificuldade. Eles são humanistas, assumem uma postura muito positiva e entendem os obstáculos enfrentados pelo outro, seu ponto de vista e comportamento, livre de julgamentos. Por isso, ganham a confiança de seus interlocutores.

Quarta competência
▶ **Poder de influência**

Muitas pessoas querem vencer pela força, por meio de pressão ou imposição. Ok, isso realmente acontece, mas grandes negociadores alcançam objetivos difíceis valendo-se do poder de influência – mas sempre com muito respeito. Influenciar envolve usar lógica e argumentos que levam os demais a pensarem coisas que não tinham pensado antes.

Quinta competência
▶ **Flexibilidade**

Em negociações, as coisas nem sempre saem como foram planejadas. Ficar preso a esquemas e objetivos fixos pode ser um problema. Grandes negociadores não caem nessa armadilha. Eles têm foco, claro, mas contam também com um tremendo jogo de cintura para criar novas possibilidades, novos estilos, mudar caminhos e desenhar outras abordagens de acordo com os cenários.

Sexta competência
▶ **Autocontrole**

É um equívoco acreditar que as coisas são tranquilas e fáceis para os grandes negociadores. Muitas vezes, não são. Mas eles têm um autocontrole emocional muito saudável. Geralmente, agem de forma segura e calma diante de conflitos, não se deixando levar pela emoção.

Sétima competência
▶ **Comunicação**

Negociação é relacionamento e comunicação. Até mesmo em bases contratuais. Nesse sentido, os grandes negociadores são ótimos comunicadores. Primeiro, porque não deixam assuntos confusos; colocam tudo às claras. Fecham as questões e registram. São firmes para não se deixarem levar por distrações. Escutam com atenção e sabem conduzir pessoas por meio de perguntas. Quando a comunicação é limpa e sem ruído, tudo anda melhor e mais rápido.

Oitava competência
▶ **Criatividade**

Há momentos em que pode surgir o famoso "impasse" nas negociações. O impasse se estabelece quando nenhuma das partes está disposta a ceder, e quem não sabe lidar com essa situação acaba se desgastando e brigando. Grandes negociadores, quando estão diante de impasses, abrem a mente e começam a buscar soluções; expõem-se ao risco, se necessário, e abusam da criatividade para chegar a um acordo.

Agora que conhece as oito competências dos grandes negociadores, analise em qual delas acha que pode fazer mais progresso nos próximos dias, considerando a realidade em que você vive. Escolha uma competência, então, e faça um plano de ação: o que precisa fazer para desenvolver essa qualidade e para que ela se torne mais presente, ativa e produtiva em suas negociações.

PARTE II
Estilos e estratégia

Os tipos de negociadores

Vamos conhecer os tipos de negociadores?

A natureza e o modo de vida do ser humano são muito diversificados, mas, de uma forma ou de outra, todos possuem traços comuns, e é a partir deles que vamos entender alguns comportamentos típicos das pessoas em um processo de negociação. Conhecer o papel que esses negociadores assumem, consciente e inconscientemente, ajuda você a não entrar em jogos emocionais e a dominar melhor as situações, bem como suas próprias atitudes.

Um fator que mexe com as pessoas é o risco. Toda negociação é arriscada em alguma medida. O risco influencia as tendências e aspectos-chave do comportamento. Em uma negociação, o risco não é totalmente bom nem ruim. É uma variável que pode ser usada para levar vantagem ou se opor a uma vantagem da outra parte. Assumir riscos depende de duas coisas:

- contexto;
- nível de conforto.

Se você não se sente confortável em arriscar, abre mão de uma poderosa forma de exercer influência. A aversão ao risco pode mostrá-lo vulnerável aos olhos dos outros negociadores e dará a eles a oportunidade de levar vantagem. Por outro lado, se você se sente excessivamente confortável em assumir riscos, pode fazer disso um hábito e/ou praticá-lo de maneira indevida. Além do mais, se essa for uma estratégia corriqueira, os demais vão se acostumar e conseguirão prever seu comportamento.

Considerando esse contexto, vamos ver como o risco afeta a sua capacidade de lidar com os fatores-chave que influenciam toda negociação e podem inverter uma tendência demonstrada no evento.

Existem três tipos de negociadores em situações que envolvem risco:

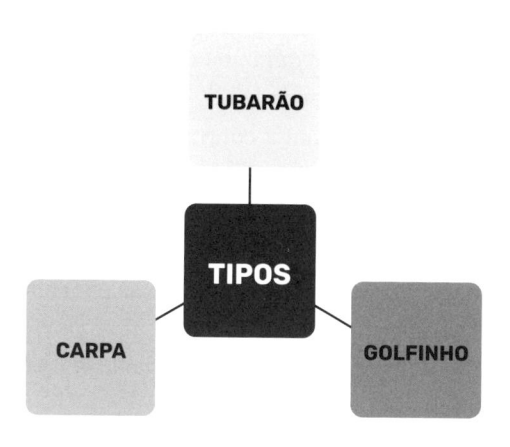

TIPOS
- TUBARÃO
- CARPA
- GOLFINHO

Tubarões

- São pessoas com pensamento divisionista.
- Acreditam que deve haver sempre um vencedor e um perdedor.
- Tendem a querer assumir o controle, a endurecer e não negociar.
- Jogam pesado e sempre acreditam que têm a melhor solução.
- Veem o outro como adversário e querem liquidá-lo.

Carpas

- Entram em negociações achando que podem perder e se preparam para isso.
- Não são dados a jogos ou blefes e não conseguem guardar uma informação por muito tempo.
- Evitam conflitos, e para isso, cedem aos interesses do outro.
- Procuram garantir o mínimo em uma negociação, contentando-se com pouco.
- Lidam muito mal com a contrariedade da outra parte, preferindo a atitude de agradar.

Golfinhos

- São engenhosos e mudam estratégias para conseguir o que querem.
- Enfrentam os problemas buscando soluções para ambas as partes.

- Sabem ser firmes quando necessário sem ser agressivos.
- Sabem a hora de ceder, de impor e de não transigir.
- Procuram construir confiança, bom relacionamento e resultados para todos.

Quando os interesses e os valores são significativos, as pessoas adotam comportamentos que as ajudam a obter o que estão procurando. Nem sempre esses procedimentos representam o que elas são, mas podem influenciar a sua postura em uma negociação.

Identificar tais comportamentos ajuda a escolher a atitude mais apropriada para alcançar o sucesso em um acordo.

Conhecemos, então, os três estilos de negociadores. Vamos ver, agora, as variações desses estilos.

Os quatro tipos de comportamento

Existem quatro tipos de comportamento em negociadores:

DOMINADOR	**PERSUASIVO**
ANALÍTICO	**AMIGÁVEL**

Dominador é aquele indivíduo que precisa sentir que está no controle da negociação, dando as cartas, definindo, propondo. Temos tubarões, carpas e golfinhos dominadores. Cada um tem sua forma de dominar, mesmo que os propósitos e resultados sejam diferentes. Um tubarão, por exemplo, pode querer pressionar e impor sua agenda. Uma carpa pode querer dominar a situação para encerrá-la rapidamente. O golfinho pode querer dominar a transação para estabelecer uma ordem e ganhar tempo.

O **persuasivo** é aquela pessoa que fala mais, quer envolver, quer mudar o pensamento do outro por meio de argumentos. Também podemos encontrar tubarões, carpas e golfinhos com essa atitude argumentativa.

O comportamento **analítico** é mais centrado em ouvir, ponderar, criticar, perguntar, trabalhar com dados e fatos. Trata-se de um jeito de negociar mais estratégico e calculado. Tanto tubarões quanto carpas e golfinhos podem assumir essa postura.

Por fim, o **amigável**. É o negociador que investe nas relações, gosta do processo de negociação, é habilidoso com as pessoas e muito respeitoso. Porém, tenha em mente que tanto tubarões quanto carpas e golfinhos podem adotar esse estilo com propósitos completamente diferentes.

Depois que você conheceu os tipos de comportamento, qual deles acha que está mais próximo do seu estilo de negociar?

_____

Pois é, tenho uma notícia para você. Às vezes, as circunstâncias podem levá-lo a assumir um desses papéis forçadamente. Cabe agora enxergar o processo e se posicionar melhor!

Os três fatores que mudam o jogo

Os três elementos mais importantes a ser entendidos e administrados em uma negociação são tempo (duração da transação), informação (quanto mais dados qualificados, mais clareza sobre a situação) e poder de influência (que dá força de convencimento e prestígio).

Vamos conhecer um pouco mais sobre eles.

Tempo

É fator essencial em uma negociação. Geralmente, 80% dos resultados são obtidos em 20% do tempo estimado para a conclusão de um acordo. Às vezes, estender o tempo de uma negociação o favorece para fechar um acordo mais vantajoso; às vezes, o contrário também acontece. Portanto, o tempo é relativo.

Lembre-se de que as circunstâncias influenciam o resultado se você abreviar ou estender o tempo de uma negociação.

A seguir, algumas considerações sobre o uso do tempo em uma negociação.

- Domine a ansiedade. Aguarde para concentrar sua atenção nos 20% do tempo que influenciarão seus resultados.
- Procure conhecer os prazos da outra parte e evite que, em um primeiro momento, ela saiba os seus.
- Tenha autocontrole se seus prazos estiverem no fim. Pânico e desespero fortalecem o outro lado, que ainda pode tentar estender a transação para obter mais vantagens.
- Grave bem os itens que podem ser alterados. Não parta do princípio de que as condições têm que ser aquelas já estabelecidas. Tudo pode ser negociado, inclusive o tempo.
- Aprenda a acelerar e fechar um acordo com mais agilidade. Perceba que há negociações em que, quanto mais rápidas forem as conclusões, melhores serão os resultados para ambas as partes.

Informação

Frequentemente, quem tem informação tem vantagem. Muitas pessoas não se preocupam em obter as informações críticas até sentirem necessidade delas. Esse é o principal erro que leva à improvisação. A negociação não é um acontecimento, mas um processo. Um processo que se inicia bem antes do encontro face a face ou pelos meios digitais.

No geral, as chances de obter as informações críticas durante uma negociação são remotas. Na maioria dos casos, você deve saber quais informações são realmente as mais importantes e que vão ajudá-lo a obter um resultado positivo.

Observe, na sequência, algumas recomendações-chave para obter informações.

- Investigue objetivos, metas, interesses, problemas, desafios e dificuldades da outra parte.
- Use sua rede de relacionamentos e ferramentas de pesquisa na internet para buscar históricos ou registros e compor sua base de informações.
- Procure definir seu limite e descubra até onde pode ir a outra parte também.
- Trabalhe com antecedência. Dez minutos dedicados à busca de informações críticas antes de uma negociação podem influenciar todo o resultado.
- Possuir as informações não significa usá-las todas de saída. Saiba a hora certa de utilizá-las e como fazer isso a seu favor.

Poder de influência

A palavra "poder" sugere a ideia de controle, dominação.

Em uma negociação, exercer poder pode ser visto como forte condição de influência de uma parte sobre a outra.

O poder de influência em si não é bom nem ruim, isso dependerá da forma como será usado e do resultado final gerado no acordo.

Existem alguns tipos clássicos de poder de influência em negociações.

- **Posição** – Alguns aspectos do poder de influência baseiam-se na posição hierárquica ocupada em uma organização. A pessoa pode ter poder sobre sua área, sobre sua equipe, mas poderá não ter sobre outro departamento. Portanto, essa influência depende da escala de poder associada a determinada posição.
- **Caráter** – Algumas pessoas construíram, ao longo da vida, uma imagem de integridade, e isso pode ser considerado quando se toma uma decisão.
- **Conhecimento técnico** – A especialização ou *expertise* em algum assunto pode dar poder de influência ao negociador, convertendo-se em uma vantagem na negociação.
- **Legitimidade** – A posição de autoridade ocupada por uma pessoa a legitima a determinar regras e a levar que os outros as cumpram. Um político, um executivo, um líder religioso exercem esse poder formal.
- **Superioridade econômica** – Observado quando o volume de dinheiro pesa e influencia o ambiente de negócio.

- **Carisma** – Há pessoas capazes de influenciar e seduzir em negócios graças a um dom individual. Esse poder de atração pode determinar os rumos de um acordo.
- **"Loucura"** – Estranhamente, um comportamento irracional, aparentemente excêntrico, pode conferir poder a uma pessoa. Há quem não saiba lidar com atitudes fora do "normal", de modo que os indivíduos tendem a ceder ou evitar confusões. Sendo assim, deixam-se influenciar pelo "louco".

A alma do negócio

A menos que você saiba aonde quer ir, é pouco provável que chegue lá. O primeiro passo para alcançar sua meta é definir claramente quais são seus interesses.

O que você realmente quer? Torne isso algo tangível. Não somente defina o quer, mas por que deseja isso.

Muitas vezes, negociamos para obter algo de que precisamos ou resolver um problema. Ter clara essa necessidade ou dificuldade nos ajuda a perceber se o que queremos é "viável" ou "apropriado".

E, depois de delimitar seus interesses, é fundamental que você tente descobrir quais são os reais interesses da outra parte. O que ela quer? Por que quer isso?

Levar em conta os interesses do outro ajuda a ampliar o entendimento da situação, a abrir caminho para a superação de conflitos, dificuldades ou desavenças.

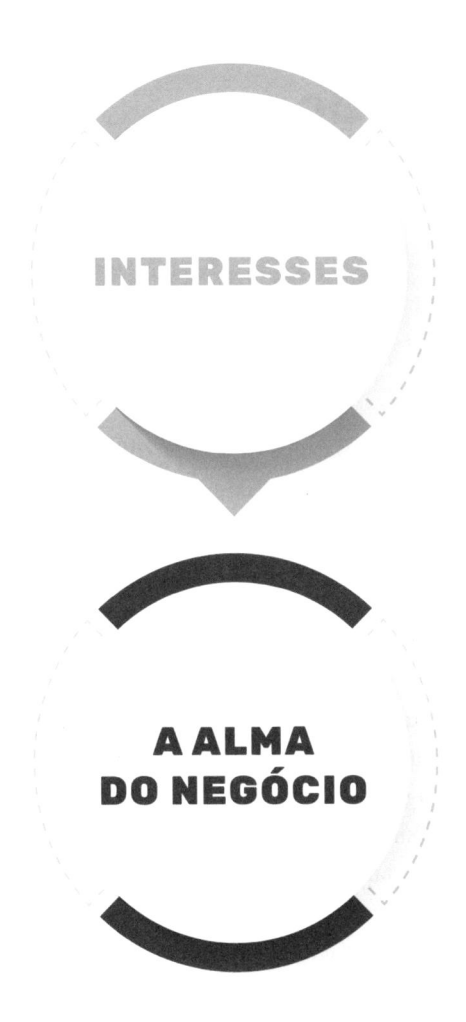

INTERESSES

⬇

A ALMA DO NEGÓCIO

A alma do acordo

O primeiro passo após definir os interesses das partes é trazer uma visão realista ao contexto.

O que você fará se não atingir seu objetivo? Pensar em alternativas que sejam aceitas por ambos pode trazer a solução para um acordo.

Que outras opções existem? Que outras alternativas você pode criar, se necessário?

É claro que, quanto mais possibilidades tiver, mais forte você será, mais capacidade terá de ser paciente, correr riscos e controlar a negociação.

Parte do sucesso em uma transação está em enxergar o contexto com clareza, entender *por que* você está negociando. Você deve ter foco no que motiva ou cria a sua necessidade de negociar e quais serão as consequências do êxito ou insucesso da tratativa. A partir dessa constatação, você pode decidir se realmente é a pessoa certa para conduzir a negociação ou se precisa e tem disponíveis outros membros para formarem uma equipe que possa responder a qualquer questão com habilidade, conhecimento e competência.

Nesse momento, é possível que você descubra uma alternativa ainda melhor e mais atraente para negociar, poupando muito do seu esforço e trabalho.

À medida que o sujeito entende os próprios interesses e desvenda os da outra parte, fica mais fácil pensar em alternativas para um acordo. Mas qual seria a ideia crucial para se propor à outra parte e ela dizer "sim"?

William Ury, acadêmico norte-americano e especialista em negociação, criou um termo para definir essa opção: BATNA – *the best alternative to a negotiated agreement*. Em língua portuguesa, podemos traduzi-lo como MAPAN: melhor alternativa para um acordo negociado.

A MAPAN é sua carta na manga, a proposta alternativa que levará o outro a "comprar" sua ideia, a se movimentar na sua direção ou em favor de um acordo. Além disso, é uma forma de fazer o outro respeitar seus interesses.

Mas tenha em mente que o outro também pode ter uma MAPAN, inclusive uma melhor que a sua. Por outro lado, nada impede que vocês construam uma nova alternativa juntos.

Lembre-se também de que nem sempre encontrará uma MAPAN adequada. Se sua alternativa não for atraente, buscar um acordo é fundamental.

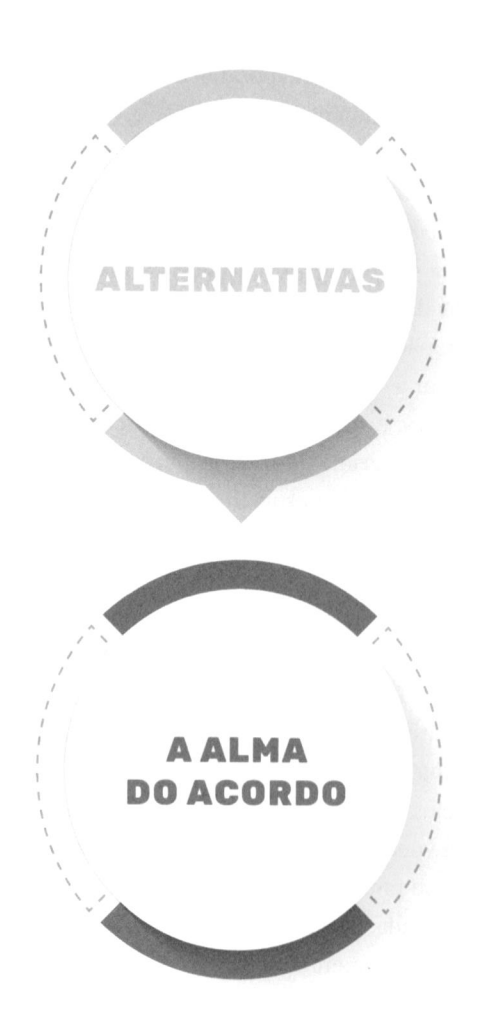

ALTERNATIVAS

A ALMA DO ACORDO

PARTE III
Competências interpessoais

A força das relações humanas

Quando falamos de negociação, imaginamos uma disputa acirrada em que, se tivermos a estratégia e a tática corretas, superaremos o nosso adversário.

Como vimos, reconhecer a importância de levantar informações, saber a real dimensão do tempo e estar ciente do poder de influência que tem são qualidades que ajudam o negociador a usar as alternativas conforme os interesses de cada parte.

No entanto, existe outro fator relevante que pode mudar o rumo de uma negociação: as habilidades ligadas às relações humanas.

Saber lidar com pessoas é uma característica que certamente leva a um melhor desempenho na negociação, sobretudo se seu interlocutor tiver um perfil mais desafiador.

Que habilidades o negociador precisa ter para lidar com situações e pessoas difíceis? Entre as mais críticas, a de saber perguntar e escutar, saber conduzir pensamentos e ideias, enxergar o contexto sob o ponto de vista do outro, administrar conflitos e ser persuasivo para mudar a perspectiva da outra parte.

A presença de negociadores com habilidades em relações humanas confere maior chance de êxito à transação e aumenta a probabilidade de se construir um efetivo resultado ganha-ganha.

Saber escutar

O que é escutar?

A maioria das pessoas presume que sabe o que é escutar. Um subordinado é capaz de repetir o que seu chefe disse, mas nem sempre consegue explicar o que está por trás das palavras dele. Sendo assim, existe uma diferença entre ouvir e escutar.

> **Ouvir envolve sons, palavras, ruídos etc.**
> **Escutar envolve analisar e interpretar.**

Quem sabe escutar segue este roteiro:

Ouve → Entende → Interpreta → Reage

A pessoa que apenas ouve sai do modo ouvir e vai direto para o reagir. Você já fez isso?

Portanto, escutar requer calma. Primeiro, ouça sem responder, depois faça perguntas para entender, analise e interprete ponderando tudo, e só então reaja.

Gastamos 80% do nosso tempo comunicando e 45%, escutando.

A seguir, algumas dicas para um melhor "escutar".
- Julgue o conteúdo, não o estilo.
- Concentre-se nas ideias e temas centrais, não só nos fatos.
- Perceba os interesses por trás das tomadas de posição.
- Mantenha a mente aberta.
- Não discuta nem debata antes de compreender.
- Faça perguntas para entender.
- Escute com foco e propósito.
- Faça comentários, dando sinais de que está efetivamente escutando.
- Não reaja com precipitação quando estiver emocionado.
- Resuma o que escutou de vez em quando.

Marque os pontos em que precisa melhorar.

Existe um método rápido, fácil e eficiente que pode ajudá-lo a aprimorar essa habilidade, conhecido como **escuta reflexiva.**

Essa técnica é baseada na capacidade de avaliar o grau de atenção e entendimento de quem está escutando.

A base da escuta reflexiva está em demonstrar para seu interlocutor:

"Eu entendo o que você está dizendo e percebo o que está sentindo."

A escuta reflexiva permite que você confira se o que está ouvindo e interpretando condiz com a mensagem recebida, além de ajudá-lo a minimizar conflitos e a aproximá-lo do outro, pois mostra sua compreensão.

Imagine que você está diante de um cliente furioso por causa de um atraso na entrega e, nesse momento, ele ameaça acionar a justiça após um longo desabafo. Depois de escutá-lo, você diz: "Essas peças custaram caro, entendo claramente por que o senhor está contrariado. Estou muito aborrecido com o ocorrido também, e quero ajudá-lo no que puder...".

Quando decide escutar o cliente, você sinaliza que não pretende julgá-lo, mas está disposto a entender o problema dele, que é o mais importante.

Os seres humanos anseiam por compreensão. Quando uma pessoa encontra outra que a escuta e entende a situação pela qual está passando, independentemente de concordar ou não com suas atitudes, as coisas tendem a se harmonizar.

Regra fundamental da escuta reflexiva:

> **Mostre que escutou, ponderou e entendeu o outro. Não se trata de julgar ou de apontar soluções, apenas de compreender.**

A arte de fazer perguntas

Desenvolver a habilidade de fazer perguntas pode ajudá-lo a obter informações e guiar o pensamento de uma pessoa durante uma negociação.

Fazer as perguntas corretas em uma negociação envolve três fatores:
- que perguntas fazer;
- que palavras usar;
- quando fazer as perguntas.

Por que as pessoas fazem perguntas? São seis os motivos principais:
- obter informação;
- diminuir atrito;
- fazer alguém refletir;
- guiar o pensamento do outro;
- buscar pontos em comum;
- confirmar entendimento e interesse.

Existem várias maneiras de se fazer perguntas. Na sequência, menciono três delas, que são bastante eficazes no contexto de negociações.

Perguntas abertas

Trazem respostas curtas e levam a outra parte a revelar mais informações ou esclarecer pontos. Algumas palavras que caracterizam perguntas abertas:

O que você pensa sobre...
Qual a base deste cálculo...
Como o mercado verá este acordo...
Quem estará envolvido...
Por que não conseguimos resolver ...

Perguntas fechadas

A partir delas, obtêm-se respostas objetivas e curtas. Geralmente, as perguntas fechadas são boas para induzir, revelar afinidades, acordar pontos ou posicionar o outro. Por exemplo:

Você concorda que resolvemos a parte mais difícil?
Está disposto a ficar mais cem dias sem fornecimento?
Quantos colaboradores tiveram o aumento de 40% que você propôs?

Perguntas progressivas

Mesclam perguntas abertas e fechadas com o propósito de guiar e avançar no raciocínio a partir das respostas do outro.

Esse tipo de pergunta exige absoluta habilidade em escuta, pois é por meio dela que se formula a pergunta seguinte.

Tome como exemplo este diálogo entre dois diretores de uma empresa, Tomaz e Mateus:

— *Tenho cinco pessoas de minha equipe envolvidas no novo projeto e você só tem uma. Isso é justo?* — *pergunta Tomaz.*
— *Não, mas meu pessoal está sem tempo* — *responde Mateus.*
— *E você acha que, com uma única pessoa, vai acelerar a solução que compete à sua equipe, já que o pessoal está sem tempo?*
— *Não vai.*
Incomodado com a hesitação do colega, Tomaz questiona:
— *Você pretende arrastar esse problema no sistema por mais duas semanas?*
— *Não posso, estou com todos os meus relatórios atrasados.*
— *Então quer que eles fiquem ainda mais atrasados?* — *insiste Tomaz.*
— *De jeito nenhum!* — *exclama Mateus.*
— *A sua participação e a de sua equipe no desenvolvimento do sistema ajuda na customização?*
— *Sem dúvida, não há como vocês fazerem melhorias sem nós.*
— *E você acredita que apenas uma pessoa do seu time é capaz de pensar por todos?* — *pergunta Tomaz, por fim, em tom desafiador.*
— *Não...* — *admite Mateus.* — *Ok, vou dar um jeito de alocar meus quatro gerentes no projeto, mas só desta vez!*

Como criticar sem magoar

Técnica do sanduíche

Como você reage à crítica? A maioria de nós leva para o lado pessoal, considerando-a um ataque, então assume uma atitude refratária. Nós nos colocamos na defensiva, culpamos as outras pessoas, sobretudo quem está nos criticando, e geralmente nos comportamos mal.

O que temos de fazer quando o outro lado está errado, quando está criando um desastre para eles mesmos e/ou para nós? Como agir se os fatos apresentados pelo outro em uma área-chave estiverem equivocados?

A resposta está em uma simples verdade: jamais alguém se coloca na defensiva quando é elogiado.

Podemos nos sentir um pouco embaraçados, ou expressar modéstia, mas nunca atacamos o outro ou nos defendemos diante de um elogio sincero.

Mesmo que um comentário negativo seja necessário, use a técnica do sanduíche: sirva a crítica negativa entre duas fatias de elogio. Os dois "ingredientes" devem trazer sinceridade e significado para a pessoa. A crítica ou repreensão deve ser expressa como uma consideração de quem fala, e não como uma falha de quem está ouvindo.

A técnica "fale eu"

A palavra "você" é sempre usada em críticas e reprimendas. Durante a infância, quando não seguimos uma regra ou falhamos de alguma maneira, muitos de nós ouvimos a palavra "você" em primeiro lugar.

"Você está atrasado!"

"Você falhou!"

"Você é mau!"

"Você deveria ter vergonha de si mesmo!"

Então, quando escutamos esse "você" acusatório, especialmente quando dito por alguém visivelmente nervoso, começamos a nos defender. Por outro lado, quando a pessoa admite que está irritada ou ansiosa, podemos constatar que é verdade e não nos culpar por isso. Mesmo se o fizermos, será uma ação nossa, não uma acusação do outro.

A técnica "fale eu" consiste em transformar qualquer ataque, crítica ou repreensão direcionada à outra pessoa mudando de perspectiva, expressando como você está se sentindo em vez de apontar o que ela está fazendo contra você.

Como fazer alguém ouvir você?

Os quatro Ps

Você já teve dificuldade em fazer alguém ouvir seus argumentos e colocações? Pois é, antes de argumentarmos, precisamos prender a atenção de nosso interlocutor, não é mesmo? Vamos ver, agora, um processo simples e eficiente que vai ajudar a fazer o outro ouvi-lo melhor.

Uma das habilidades indispensáveis em artes marciais como judô, jiu-jítso e aiquidô é reverter a força e a energia do oponente contra ele mesmo.

Os quatro Ps correspondem a esse mesmo princípio quando se trata de linguagem. Você aceita o que o outro diz, inverte a direção e transforma o que foi dito em uma frase positiva a favor da sua posição.

A técnica consiste em mentalizar uma sequência de quatro palavras começadas com a letra "p": pensar, pensavam, perceberam, pensará.

Muitas vezes, essa técnica é chamada justamente de "pensar, pensavam, perceberam, pensará", e tem norteado pessoas ligadas a vendas por gerações.

Funciona da seguinte maneira:

Você me diz, "eu não concordo com você".

Eu lhe respondo, "entendo o seu modo de **pensar**. Todas as pessoas para quem expliquei isso **pensavam** como você a princípio, mas, depois de testarem a ideia, **perceberam** que funciona perfeitamente. Eu sei que você **pensará** dessa forma também, desde que faça o teste".

Veja como essa técnica afeta a sua compreensão.

Enquanto lê sobre a técnica dos Ps, você pode estar pensando, "isso não vai funcionar".

Eu respondo, "compreendo seu modo de pensar. Eu pensava da mesma forma antes de ouvir falar dos quatro Ps, mas percebi que realmente funciona. Você pensará da mesma maneira também, a partir do momento em que testar essa técnica."

Aprendendo a dizer "não"

Você tem dificuldade em dizer "não"?

Há pessoas que não têm esse embaraço, mas, às vezes, são desajeitadas ao dizê-lo, criando uma dificuldade posterior em negociações.

O "não" diplomático

É próprio de pessoas sensíveis, perspicazes, que entendem nas entrelinhas que não haverá mais acordo ou concessão a partir de certo ponto. Por isso, quando surge uma divergência intransponível, rejeita-se a negociação naquele momento, mas com diplomacia.

O "não" diplomático é uma forma de recusa sem usar essa palavra.

Exemplo:
Por tudo que conversamos, entendo que sua proposta fica além do que podemos pagar no momento. Penso que, daqui a dois anos, poderemos conversar novamente, quando, acredito, teremos uma condição financeira mais vigorosa.

O "não" positivo

É adequado para pessoas que se magoam com facilidade e ainda podem adotar um espírito de vingança.

Geralmente, pessoas com baixa autoestima se ressentem mais diante de uma negativa. Por isso, o "não" positivo é necessário para mostrar que, mesmo não havendo o acordo desejado, você reconhece aspectos positivos na proposta ou no negócio do outro.

Exemplo:

Reconheço o seu esforço em fazer concessões, e três dessas iniciativas foram muito significativas. Tenho ainda uma restrição quanto ao valor. Sei que fez seu máximo. Minha verba está no limite, você sabe disso. Portanto, não posso fechar esse acordo.

O "não" simples

Trata-se de um "não" direto, recomendado para pessoas insistentes, que não param de fazer tentativas, mesmo quando tudo já está definido. É dito de forma direta, firme e sem emoção.

Exemplo:

Agradeço o tempo que nos dispensou, mas não faremos o negócio.

> **Treine dizer "não" para o outro quando necessário e perceberá que, ao fazer isso, estará dizendo sim para si mesmo.**

PARTE IV
Táticas de negociação

O que são táticas?

Táticas são elementos importantes em uma negociação, e conhecê-las é fundamental em razão de dois aspectos:
1. Você pode precisar utilizá-las para obter um melhor acordo. É importante, então, que você conheça diversas táticas a fim de escolher a mais adequada para cada transação. Algumas são mais versáteis e você poderá utilizá-las em diferentes situações. Outras, no entanto, são mais específicas e é bom dominá-las, afinal, nunca se sabe quando poderão ser úteis;
2. Você precisa conhecer o maior número de táticas possível para, eventualmente, poder se defender caso sejam utilizadas contra você. Muitas táticas não são alinhadas com os nossos valores, com o nosso estilo de negociar nem com um modelo integrativo de negociação, mas nem por isso serão desprezadas por outros negociadores. Conhecê-las permitirá que você saiba se portar para neutralizá-las. Afinal, uma tática desvendada não é mais uma tática.

Sobre isso, ainda vale lembrar o seguinte:

> **Uma tática não é necessariamente boa nem ruim, é uma ferramenta.**

Você deve sempre se certificar de que vai usar essa ferramenta para conseguir o ganha-ganha, que é sempre o foco da negociação, não podemos esquecer isso. É como uma faca: ela não é boa nem ruim, é um utensílio. Você pode cortar o pão e passar manteiga com ele ou pode ferir alguém. A escolha é sua!

Destaco também que não existe uma tática infalível que sirva para todas as pessoas e em todas as ocasiões; cada um tem seu estilo e cada situação é única. Existem táticas certeiras, mas tome cuidado para não ficar preso a elas – mantenha um leque de opções.

Por fim, preciso lhe dizer que as táticas podem ser instrumentos de manipulação, e isso não é o que estamos propondo aqui, em hipótese alguma.

Não é minha intenção incentivá-lo a manipular pessoas, muito pelo contrário. Mas, se você consegue perceber que um negociador utiliza uma tática para manipular suas ações, fica muito mais fácil se defender. Você pode desmascarar a tática, neutralizá-la ou mesmo contrapô-la com outra tática para se proteger e restabelecer o ganha-ganha.

Lembre-se sempre, então: uma tática é uma ferramenta que, se for desvendada, deixa de ser uma tática.

Balão de ensaio

"Balão de ensaio" é uma tática de negociação sutil, que pode trazer muitas vantagens. É utilizada quando precisamos sugerir uma possibilidade e não queremos nos comprometer com uma proposta.

Trata-se de uma estratégia por meio da qual você faz uma sondagem para ver a reação da outra parte. Como se perguntasse: como seria se fosse assim?

Na realidade, essa tática consiste em utilizar a expressão "E SE" no começo da frase daquilo que seria uma proposta, construindo um cenário de possibilidades na cabeça da outra parte.

Lembro que, apesar de parecer uma proposta, não é.

Vejamos o exemplo:

Um negociador pergunta a seu fornecedor:
— E seu eu comprasse o dobro de insumos, qual seria o desconto?

A outra parte responde:

— Seria de 5%.

Então, o negociador insiste:

— E se eu comprasse o triplo, em vez do dobro?

Diante da pergunta, o fornecedor se anima e dá um desconto ainda maior:

— Nesse caso, seria de 8%.

Com essa informação, o negociador propõe:

— Façamos o seguinte: compro a quantidade original, hoje, com esse desconto de 8%. É um bom negócio, vamos fechar?

O que aconteceu nesse exemplo? O negociador usou o balão de ensaio para especular até onde a outra parte mexeria no preço e, com essa informação, fez uma proposta mais vantajosa, uma vez que soube que a tabela do fornecedor contempla um desconto de até 8% e que, ainda assim, ele tem margem positiva.

O negociador recebeu a informação relevante apenas porque especulou a hipótese de comprar uma quantidade maior de insumos, mesmo que essa nunca tenha sido sua verdadeira intenção.

Mais alguns exemplos de frases típicas da tática do balão de ensaio:

E se eu pagar à vista?

E se eu o indicasse para outros clientes?

E se lhe entregasse os produtos antes do prazo previsto?

Se utilizar o balão de ensaio e a resposta for negativa, você não perde nada. Se for positiva, você não precisa se comprometer.

Agora, e se alguém utiliza uma frase começando com "E SE" em uma negociação com você? Como se defender e não oferecer informações desnecessárias para a outra parte?

A fórmula é simples e direta: você checa se é apenas uma sondagem ou se é uma proposta real.

Por exemplo, se alguém lhe perguntar: "e se eu pagar à vista?". Você pode responder: "tudo bem, vai pagar em dinheiro, no boleto ou no cartão?".

Veja que, agindo assim, você checa se a proposta é real. Perguntando sobre como será o pagamento, você chama a outra parte para o comprometimento. A pessoa pode se comprometer e fechar a transação ou apenas desconversar e sair pela tangente. No caso de ela não se comprometer, você logo perceberá que é um balão de ensaio e, assim, poderá optar por não oferecer nenhum desconto, que é justamente a informação que a outra parte quer – a sua margem para negociar.

O balão de ensaio pode ser muito útil, vale a pena experimentar essa tática em suas próximas negociações. E fique atento para não entregar o ouro quando a utilizarem com você.

Bode

Negociar é uma arte e precisamos sempre aumentar o nosso repertório de táticas para que a nossa meta máxima, ou seja, nossos acordos, seja atingida com eficiência cada vez maior. Pensando nisso, quero agora apresentar uma tática de nome peculiar: bode. Isso mesmo, você não entendeu errado não, o nome da tática é "bode".

Certa vez, um homem que morava com a esposa em uma casa pequena ganhou um freezer para gelar suas cervejas. Ele colocou o eletrodoméstico na sala, pois era o único lugar disponível. Diariamente, o casal brigava por causa do freezer. A esposa se incomodava com aquilo.

Um dia, ela chegou em casa cansada do trabalho e encontrou o marido assistindo à tevê com um bode na sala. Ela perguntou o que significava aquilo e ele disse que havia ganhado o animal de um amigo e não tinha onde acomodá-lo, por isso deixou-o amarrado na sala. Passado algum tempo, a mulher já não suportava mais o bode e, um dia, o marido conseguiu achar outro lar para o bicho. A esposa ficou tão aliviada que nunca mais se queixou do freezer.

Em negociações, o "bode" é, por vezes, uma dificuldade colocada para serem obtidas concessões.

Quando negociamos, há ocasiões em que precisamos oferecer algo para chegar a um acordo. Em algumas culturas, inclusive, é natural, e até esperado, que sejam feitas concessões; caso contrário, o negócio não é fechado.

Pois bem, o que um negociador experiente faz é eleger uma lista de itens para os quais é possível fazer concessões. Na fase de planejamento da negociação, ele lista os tópicos em que poderá ceder para viabilizar o fechamento do acordo. E é aí, nessa lista, que entra o "bode". O negociador tem que determinar os itens que, para ele, tenham pouca ou nenhuma relevância, mas que sejam valiosos para a outra parte. Esses itens negociáveis, ou concedíveis, é que são chamados de bode. Ficou claro agora?

Mas, para que o bode seja entendido como um trunfo, uma vantagem futura, o negociador precisa identificar e valorizar esses pontos. Por exemplo: vou valorizar uma cláusula contratual da qual posso abrir mão para que a outra parte superestime a minha iniciativa. O peixe morto não pode ser percebido como um peixe morto pelo outro lado. Se isso acontecer, não fará nenhuma diferença.

Essa tática ajuda a obter alguma vantagem do outro ou, pelo menos, a fechar questões.

Vamos pensar em outro exemplo: você está negociando a compra de itens para o estoque de sua empresa. O fornecedor diz que não consegue entregar os produtos em quatro semanas, mas você insiste nisso e diz que essa é a condição para fechar o acordo. A negociação cria um impasse e o outro lado não pode fazer nada, pois é impossível entregar o pedido no prazo estipulado. Nesse momento, sem saber que o prazo de quatro semanas é um "bode", a outra parte vai tentar fazer outra concessão para compensar a espera maior. O negociador, então, cede e aceita receber os produtos mais tarde em troca de um desconto, uma bonificação ou mesmo da compra de itens de qualidade superior pelo mesmo preço.

Veja que, em alguns casos, o bode pode implicar omissão ou mentira.

Como já disse, toda tática pode ter efeito manipulador em uma negociação. Não estou aqui defendendo isso, mas, pense comigo: você já lidou com pessoas que tentaram manipulá-lo em uma negociação? Se a resposta for sim, é importante ter como recurso alguma tática, como a do bode, para se defender desse tipo de comportamento.

E, se alguém utilizou a tática do bode em você, como fazer para se defender? O melhor recurso é buscar sempre informação e fazer perguntas. Com isso, você conseguirá saber o que a outra parte valoriza e também os pontos nos quais ela não está muito interessada. Nem sempre você vai conseguir todas as informações, mas, pelo menos, pode tentar, não é mesmo?

Para fechar, proponho um exercício:
- Em relação às suas últimas negociações, será que alguém utilizou a tática do bode em você?
- Você poderia ter aplicado essa tática para se defender de alguma manipulação?

Lembrar como você se comportou em negociações anteriores é uma excelente prática para se desenvolver como negociador.

Fato consumado

Quando uma coisa está feita, está feita, não é verdade?

Em negociações, às vezes é preciso agir, mesmo à revelia do outro. Isso pode ser definido com uma tática e o nome dela é "fato consumado".

Em uma negociação, o fato consumado acontece quando um lado simplesmente toma uma ação unilateral sem consultar a outra parte.

Essa é uma tática bem forte, impositiva e, até certo ponto, autoritária.

Fazendo uma analogia, lembra a forma de agir de um sequestrador: faz uma pessoa refém e só então passa a negociar com os familiares.

Mas essa tática também é usada com frequência e com respaldo legal. Uma ação jurídica, uma intimação e a instauração de um processo são ações unilaterais tomadas por um lado e que forçam o outro a se manifestar.

O fato consumado é uma tática de mão pesada e geralmente agressiva, mas pode ser muito útil e, às vezes, necessária para fazer com que o outro lado leve a situação a sério.

Quando uma companhia de seguros, um banco ou qualquer outra organização ameaça cancelar uma apólice ou contrato, ou executar uma hipoteca, não quer realmente fazer isso. O que essas instituições desejam é receber o que lhes é devido, mas seus esforços para negociar falharam e elas se viram obrigadas a tomar uma atitude mais drástica, como mover uma ação legal. O mesmo se dá quando ocorre uma greve ou a interrupção do fornecimento de um produto ou serviço. Tudo isso é fato consumado.

Essa tática deve ser utilizada com moderação, claro, mas, em alguns casos, é o único caminho para que as partes voltem a negociar.

Muitas vezes, o pior cenário em uma negociação é não se chegar a um acordo; então, lançar mão de táticas que forcem as pessoas a se sentarem à mesa e negociarem pode ser a saída para um resultado ganha-ganha.

Efeito Pigmalião

Já ouviu a frase "uma mentira dita muitas vezes se torna uma verdade"? Pois é, negociadores experientes e os políticos sabem disso e utilizam esse artifício para obter vantagens em uma negociação.

Mas, calma, não é de como transformar mentira em verdade que vamos tratar agora, longe disso, mas da ideia de que uma coisa repetida várias vezes acaba se solidificando na mente das pessoas.

Vamos falar de uma tática de negociação baseada em um conto mitológico, chamada "efeito Pigmalião".

Conta a mitologia grega que um escultor, Pigmalião, esculpiu a estátua da mulher ideal, à qual deu o nome de Galateia. Ao término do trabalho, o artista concluiu que sua obra era perfeita, e tão bela ficara Galateia que Pigmalião acabou se apaixonando por ela. Para resumir, o amor do escultor foi tão poderoso que, por graça da deusa Afrodite, Galateia ganhou vida! Inclusive, o musical da Broadway, *My Fair Lady*, é baseado nessa história.

O que isso significa em negociação? Que uma ideia reiterada muitas vezes pode se cristalizar como verdade. Por isso, nunca repita em voz alta ou escreva um termo, número, oferta ou frase que não seja favorável a você. Por exemplo, ao repetir a oferta do outro em voz alta, você a reforça e a torna âncora na negociação. Se você repete um termo, dá crédito a essa palavra e a fortalece, tornando-a mais legítima.

A dica, então, é a seguinte:

Apenas repita as palavras e os termos que você quer que sejam verdade.

Com frequência, negociadores inexperientes acabam fortalecendo a proposta do outro porque a repetem e se concentram nela. Erro básico.

Nunca repita ou pronuncie termos que não lhe são favoráveis. Em vez disso, reitere a sua proposta com convicção. Isso dá força à sua posição, mostra seu entusiasmo e que você acredita no que está propondo.

Lembre-se de que, assim como Pigmalião conseguiu dar vida a Galateia, você dará vida a um número bem maior de acordos ganha-ganha utilizando essa tática que, embora aparentemente simples, é muito eficaz se empregada com sabedoria.

Salame

Você já viu alguém tentar engolir um salame inteiro de uma só vez? Acredito que não. A maneira certa de comer e apreciar um bom salame é fatiá-lo, em partes fininhas, e comer uma fatia de cada vez.

Sabia que isso tem muito a ver com negociação? Pois é, por causa de uma tática chamada justamente de "salame".

Essa tática de negociação está baseada na premissa de que dividir o objeto da transação em partes menores facilita encontrar pontos de comum acordo. É uma excelente maneira de levar a outra parte a dizer "sim, sim, sim".

Um procedimento comum dessa tática é reservar o assunto mais difícil para o final das conversações, quando ambos os lados já investiram grande parte do tempo na discussão de itens menores do acordo e, então, haverá maior pressão para resolver as questões mais delicadas.

Em negociações complexas que envolvem muitos tópicos e variáveis, a tática do salame é comumente utilizada. Negocia-se item a item, dividindo a negociação em partes. A cada item fechado, vamos para o próximo e, assim, avançamos no acordo. Um item de cada vez, tal como degustamos um salame: fatia a fatia.

Já participei de negociações em que, se não fosse essa tática, não teríamos chegado a um acordo. O salame foi fundamental para que pudéssemos progredir e, a cada avanço, ampliar o compromisso de fazermos mais e mais.

Então, lembre-se: toda vez que a negociação for complexa, com vários itens, o ideal é dividi-la em partes menores, discutir um tópico por vez e, no final, você poderá comemorar um vitorioso resultado para ambas as partes.

Peça ajuda

Em uma negociação, muitas vezes precisamos apenas pedir e, inacreditavelmente, a outra parte pode ceder. É sobre isso que quero conversar com você agora, apresentando uma tática simples e objetiva, mas eficaz e muito útil em todo tipo de negociação.

A tática é chamada de "peça ajuda", e consiste em fazer literalmente o que o nome sugere: pedir ajuda.

A primeira vantagem dessa tática é manter a negociação distante de um confronto. É muito mais fácil negociar quando mantemos o ambiente aberto, com trocas e diálogo constantes. Tudo isso contribui para atingirmos resultados cada vez mais satisfatórios.

E, se você estiver em uma posição frágil na negociação, sem argumentos, esse é o momento mais propício para pedir ajuda.

Que tal um exemplo?

Acompanhe comigo. Uma pessoa poderia dizer:

Quero lhes pedir para me ajudar a fechar este acordo, quero muito fazer esta parceria com vocês, mas preciso de sua colaboração.

Ou ainda esta outra frase:
Sem a sua participação, não vejo como seguir adiante. Preciso de sua ajuda agora!

Pedir ajuda pode sensibilizar a outra parte, por isso essa atitude é tão eficaz. Trata-se de uma tática emocional.

Mas pedir ajuda demais pode ser um tiro no pé, como o remédio que, se usado na dose errada, vira veneno, pois acaba denunciando fragilidade e falta de convicção.

No caso de alguém lhe pedir ajuda, em vez de socorrer essa pessoa, mostre a ela quanto você já ajudou, tudo que fez para chegar até ali. Assim, você atende o pedido de ajuda sem ter que se envolver ainda mais na situação.

Você consegue fazer melhor que isso!

Essa é uma estratégia não ameaçadora de pedir algo sem dar nada em troca. Você não faz nenhuma contraproposta e leva seu interlocutor a avançar; simplesmente afirma que ele tem algo mais a lhe oferecer. Muitas vezes, é como jogar verde para colher maduro.

É como se fosse uma aposta para ver se a outra parte concede um benefício a mais.

Acredite: muita gente acaba cedendo sem perceber e fragiliza a própria posição.

Acompanhe o exemplo a seguir.

Você recebeu uma proposta cujo prazo do serviço é de dez dias, o que atende as suas necessidades. Mas, se o serviço for executado em menor tempo, será ainda melhor. Como utilizar, então, essa tática para conseguir um prazo mais vantajoso? Argumente:

Olha, você estimou dez dias para fazer a manutenção do meu equipamento, mas sei que pode fazer isso em menos tempo. Você consegue fazer melhor que isso!

Veja, é uma maneira de desafiar a pessoa, de fazê-la andar para a frente e conseguir entregar um resultado melhor. Essa é uma tática muito boa para deixar claro que você pretende obter os melhores resultados em sua negociação.

> **Eu sei que você, leitor, pode fazer melhor em suas negociações futuras. Então, que tal utilizar esta tática em sua próxima transação? E uma dica: seu desempenho pode ser ainda melhor se conciliá-la com a tática anterior, "peça ajuda".**

Sair fora

Na língua portuguesa, quando alguém diz "sair para fora" ou "entrar para dentro" está cometendo um vício de linguagem chamado pleonasmo.

Mas, em negociação, porém, não há necessariamente valor negativo quando usamos a tática "sair fora".

Na verdade, aplicá-la pode se mostrar um acerto se você, de fato, sair fora de uma negociação.

Como funciona essa tática?

Trata-se da simulação de um fim quando uma das partes decide, de verdade, pôr um ponto final em uma negociação.

Por vezes, "sair fora" é utilizada de modo exagerado, empregada por negociadores que ameaçam a outra parte, como um ultimato, mas geralmente é um blefe.

Não é raro se chegar a um ponto em que não compensa continuar e é melhor abandonar a negociação para forçar o outro a ceder, e assim simula-se o fim.

No entanto, "sair fora" é uma tática efetiva e útil nos casos em que a outra parte está irredutível em suas posições. Ao aplicá-la, você mostra para o outro lado que alcançou seu limite e não há mais concessões a fazer.

Se você optar por simular, lembre-se dos riscos e das consequências caso seja descoberto; é possível que seu blefe seja aceito e a negociação se encerre de vez. Aí, já era! Cuidado com isso.

E se alguém decidir interromper a negociação e você ficar em dúvida se é blefe ou não?

Bem, cada caso é um caso, é preciso analisar com muito cuidado. Recomendamos dar um tempo para sentir se a iniciativa é real e, enquanto isso, levantar informações sobre as alternativas do outro: será que ele tem outras opções mesmo? Quais seriam? Se desistir da negociação, o que ele vai fazer, como vai se virar?

Lembre-se de que informação junto com tempo e poder de influência são os três elementos que mais afetam uma negociação, de maneira que precisamos ficar sempre atentos a eles.

Mocinho e bandido

Vou falar um pouco de cinema para lhe apresentar uma tática de negociação bem interessante.

Imagino que você já tenha assistido a filmes policiais. Uma cena bem comum desse gênero é a do interrogatório: após prender um suspeito, a polícia o coloca em uma sala para questioná-lo.

Às vezes, a sala tem aquele vidro espelhado e outros policiais ficam do outro lado acompanhando a conversa. Daí, em um dado momento, o policial que está interrogando o suspeito interrompe a arguição e sai da sala para que outro agente comece a agir com mais dureza, o chamado "mau policial". A partir de então, o primeiro interrogador passa a ser o bonzinho, o que apoia e diz que está do lado do sujeito, mas que ele tem que cooperar. Pois é, trata-se da estratégia do bom policial e mau policial.

Há um vídeo bem-humorado do grupo Porta dos Fundos que faz uma ironia com essa tática, a qual, no caso, é utilizada na entrevista de um candidato a uma vaga de emprego. O nome do vídeo é "RH bom RH mau", que mostra uma versão exagerada de como esse artifício poderia ser utilizado. Vale a pena conferir, nem que seja para dar boas risadas.

Mas, falando sério sobre a tática "mocinho e bandido", para usá-la na prática é preciso haver pelo menos duas pessoas negociando de um lado, e que uma delas assuma o papel do "apoiador" para a outra fazer o papel do intransigente.

O propósito dessa estratégia é desestabilizar a outra parte por meio do negociador que é, digamos, do contra, com o objetivo de obter concessões ou informações por meio do negociador apoiador.

Em alguns casos, já vi até pessoas fazerem uma encenação meio dramática, a fim de imprimir uma forte dose emocional ao negócio.

Há, inclusive, situações em que ocorrem exageros, com argumentos agressivos ou provocações do "bandido", circunstâncias bem pesadas e estressantes. Com isso, utiliza-se a proximidade e a afinidade do "mocinho" para se chegar a um acordo.

Por exemplo, um negociador mocinho poderia dizer:

Creio que nossa parceria está fluindo bem e precisamos apenas ajustar um ponto.

Em seguida, o outro negociador, fazendo o papel de bandido, contradiria o colega com algo do tipo:

Olha, não acho que está funcionando bem, não; as reposições são falhas, os descontos não são os melhores, não sinto nenhuma parceria de verdade.

Nos filmes ou na vida real, a tática do mocinho e bandido pode gerar um roteiro interessante e com o final feliz que todo bom negociador espera: um ótimo acordo ganha-ganha.

Tenho certeza de que, a partir de hoje, você vai assistir a filmes policiais com um olhar bem apurado para aprender a ser um negociador melhor.

Falando nisso, algumas séries e filmes podem ser um excelente instrumento de inspiração para novas abordagens em negociações.

Como diz o ditado, a vida imita a arte!

Absurdo

Imagine se eu estivesse dando uma aula sobre negociações em um vídeo e vestido apenas com uma sunga de praia. Seria um absurdo, não é mesmo?

Pois acredite: há negociador que faz isso para obter resultados melhores.

Mas, calma, não estou falando de você ir negociar vestindo uma sunga de praia ou um biquíni, nada disso. "Absurdo" é o nome da tática que vou mostrar agora.

De vez em quando, é bom fazer uma coisa louca e imprevisível, de forma que a outra parte fique meio atônita, sem acreditar no que está ocorrendo. Pode ser algo tão irracional que a outra parte sinta necessidade de ceder só para se ver livre de você.

Para esta tática funcionar, é preciso fazer algo realmente diferente daquilo que uma pessoa "normal" faria, mas lembrando que você tem que provocar e abalar.

Vou lhe contar uma história sobre isso.

Certa vez, uma mulher precisava ser atendida com rapidez em uma agência bancária devido a uma viagem que faria, mas estava aguardando em uma fila havia duas horas. Então, de repente, ela começou a chorar e dizer que a única coisa que queria era ser tratada como um ser humano. Logo depois dessa explosão irracional, apareceu um gerente, levou-a para a sala dele e resolveu tudo em dez minutos.

Nesse caso, a mulher lançou mão de certa dramaticidade, não é mesmo? Mas ninguém precisa ser ator para se beneficiar da tática do absurdo, basta usar a criatividade e se perguntar: o que posso fazer aqui de diferente, chocante ou surpreendente para conseguir avançar ao próximo ponto?

Confie, já vi muita gente fazendo isso e tendo resultados extraordinários. Seja criativo, consciente e consequente, e obtenha melhores resultados também em suas negociações.

Pressão

Os três elementos que influem nas negociações são tempo, informação e poder de influência. Quando uma das partes tem vantagem em um ou mais desses elementos, pode se valer disso para obter um melhor resultado.

Uma tática utilizada por negociadores que estão em uma posição de poder e gostam de fazer prevalecer essa posição pelo lado negativo é a "pressão".

Trata-se de uma tática agressiva com um propósito muito simples: forçar o outro a ceder. Como disse, é um artifício mais utilizado quando uma parte predomina em algum nível sobre a outra. O simples "pressionar" coloca o outro em um aperto.

Como vimos, há três estilos mais comuns de negociadores: o tubarão, a carpa e o golfinho.

A tática da pressão é muito utilizada por tubarões, que enxergam o outro como adversário e têm como objetivo levar vantagem no acordo, independentemente do resultado da outra parte.

Quando um negociador tubarão encontra um negociador carpa, que evita o conflito e procura garantir o mínimo em uma negociação, ele não pensa duas vezes: se está em uma posição de poder, o tubarão parte para cima e coloca pressão. Às vezes, mesmo sem estar em uma posição de poder, o tubarão é capaz de fazer movimentos arriscados de pressão.

Frases do tipo "isso é inaceitável!" ou "quero que faça imediatamente!" são típicas de pressão.

Essa tática pode se revelar em várias circunstâncias, como na intransigência quanto a prazos, na forma agressiva de se posicionar ou na imposição de uma demanda que vai exigir muito esforço.

Colocar pressão é uma forma de forçar o outro a ceder e, com frequência, revela-se uma tática que pode até provocar resultados ganha-perde.

A nossa meta em uma negociação é sempre chegar ao ganha-ganha; por isso, quando um negociador resolver colocar pressão em você, lembre-se de se perguntar: quais são as minhas alternativas para eliminar, reduzir ou mesmo reverter essa pressão? Faça um esforço para encontrar saídas. Peça um tempo na negociação, busque conselho com outra pessoa, mas não aceite de imediato a pressão como verdade absoluta.

Essa é a hora de ser um negociador golfinho: mostrar-se engenhoso e buscar estratégias, ser firme sem precisar ser agressivo e enfrentar o problema buscando soluções para ambos os lados.

Não quero colocar pressão, mas gostaria de lhe perguntar: você seria um negociador melhor caso se preparasse mais com o uso de táticas?

Pense nisso e, se fizer sentido, continue sempre aprendendo táticas e estratégias para melhorar a sua performance como negociador.

Rachando a diferença

Quando a negociação envolve valores, é comum cada parte puxar a sardinha para si, buscando o maior ganho possível.

Mas, então, qual deve ser o valor da proposta do comprador e do vendedor?

Bem, cada caso é um caso, mas o que geralmente acontece em negociações-padrão é a tática que conhecemos como "rachar a diferença".

Como assim?

É simples. No início das conversas, um pede um valor, o outro pede outro valor. A negociação segue e, na maioria dos casos em que há equilíbrio entre as habilidades e o estilo dos negociadores, a tendência é que o total fechado se situe na média dos dois valores.

Ou seja, o acordo está no meio da diferença entre as propostas. Daí o nome "rachar a diferença". Quando você escuta "nem para mim, nem para você", a tática já está sendo usada.

Portanto, a minha pedida vai depender do valor do outro, de forma que, ao racharmos a diferença, estejamos mais próximos do objetivo de ambos.

O que fazer, então, se eu estiver negociando e não quiser ceder? Bem, uma estratégia que pode ser útil nesse e em outros casos é agregar valor. Isso ocorre quando, em vez de ceder quanto ao preço, você mostra todos os benefícios do seu produto e as vantagens que ele tem para a outra parte. Ou seja, você demonstra o valor em vez de abrir mão do preço.

Para isso, é preciso um bom trabalho na obtenção de informações, na descoberta das necessidades do outro e na convicção da aplicabilidade do seu produto ou serviço para ele.

Agindo assim, você vai rachar cada vez menos a diferença e conseguirá fechar o acordo no ponto que lhe for mais favorável dentro da faixa de flexibilidade ajustada na negociação.

Por fim, melhore todos os dias

Negociação é relacionamento, e toda relação está baseada em uma comunicação clara, direta e objetiva. Por isso, saber ouvir é uma atitude imprescindível a qualquer pessoa que queira negociar bem, sabendo usar o que ouve a seu favor e para convencer o outro.

Portanto, a habilidade de negociar pode ser aprendida e aprimorada no decorrer de sua carreira profissional, tornando a negociação uma atividade cotidiana e bem-sucedida.

Lembre-se, no entanto, de que cada decisão tomada na negociação é apenas uma das múltiplas alternativas possíveis para traçar um caminho positivo e benéfico na busca do denominador comum, sem perder de vista os seus interesses e os interesses do outro.

Tendo em mãos as informações certas, você negocia já ciente dos pontos que vão satisfazer desejos e aplacar ansiedades, facilitando a obtenção do acordo tão esperado.

Quanto mais informações você reunir antes de iniciar uma transação, maiores serão suas chances de prosperar em um acordo. Tenha sempre em mente que negociar é usar informação, tempo e poder de influência para afetar o comportamento de outro, e que esse processo pode gerar benefícios duradouros para todos.

OUTROS LIVROS DO AUTOR

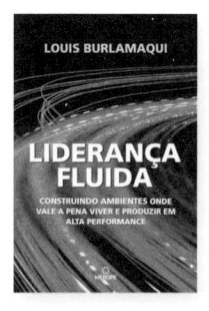

Adquira pelo site da editora, www.editoramerope.com.br ou pela Amazon, www.amazon.com.br

Louis Burlamaqui, com seu time de consultores e facilitadores, conduzem workshops e seminários de negociação em diversas organizações. Por meio de jogos, dinâmicas e atividades práticas, reforçam novas habilidades em times de suprimentos, vendas e assessoria jurídica, entre outros.

Mais de 6 mil pessoas, em mais de 300 empresas no Brasil, já passaram por seus workshops de negociação.

Para saber mais sobre palestras, seminários e treinamentos, contate:
atendimento@jazzer.com.br

Para saber mais sobre as empresas do autor e outros serviços oferecidos:
www.louisburlamaqui.com.br
www.jazzer.com.br
www.taigeta.com.br

TIPOLOGIA: Lora [texto]
Rubik [entretítulos]
PAPEL: Off-white 80g/m² [miolo]
Cartão 250 g/m² [capa]
IMPRESSÃO: Formato Artes Gráficas [setembro de 2022]